BEI GRIN MACHT SICH IHR WISSEN BEZAHLT

AF173553

- Wir veröffentlichen Ihre Hausarbeit,
  Bachelor- und Masterarbeit

- Ihr eigenes eBook und Buch -
  weltweit in allen wichtigen Shops

- Verdienen Sie an jedem Verkauf

Jetzt bei www.GRIN.com hochladen
und kostenlos publizieren

Daniel Balle

Jerusalem - Stadt des Friedens im Nahen Osten

GRIN Verlag

Bibliografische Information der Deutschen Nationalbibliothek:

Die Deutsche Bibliothek verzeichnet diese Publikation in der Deutschen National-
bibliografie; detaillierte bibliografische Daten sind im Internet über http://dnb.d-
nb.de/ abrufbar.

Impressum:

Copyright © 2010 GRIN Verlag, Open Publishing GmbH
Druck und Bindung: Books on Demand GmbH, Norderstedt Germany
ISBN: 978-3-640-78914-6

Dieses Buch bei GRIN:

http://www.grin.com/de/e-book/163556/jerusalem-stadt-des-friedens-im-nahen-
osten

GRIN - Your knowledge has value

Der GRIN Verlag publiziert seit 1998 wissenschaftliche Arbeiten von Studenten, Hochschullehrern und anderen Akademikern als eBook und gedrucktes Buch. Die Verlagswebsite www.grin.com ist die ideale Plattform zur Veröffentlichung von Hausarbeiten, Abschlussarbeiten, wissenschaftlichen Aufsätzen, Dissertationen und Fachbüchern.

Besuchen Sie uns im Internet:

http://www.grin.com/

http://www.facebook.com/grincom

http://www.twitter.com/grin_com

Inhaltsverzeichnis

1. Einleitung

Yerushalayim, Al-Quds und Jerusalem. Drei Namen für eine Stadt, drei Religionen die Anspruch erheben. Judentum, Islam und Christentum, sie alle erheben Anspruch auf

5 Jerusalem als „ihre" heilige Stadt, was in der Geschichte und auch heute immer wieder zu Gewalt und Krieg geführt hat. Dabei geht gerade im Zwist zwischen Juden und Palästinensern[1], der Konflikt über Jerusalem hinaus und erstreckt sich über den gesamten Nahen Osten.

Jerusalem ist eine der ältesten, geschichtsträchtigsten aber auch meist umkämpften

10 Städte der Welt. Hier sind die Geschichte und die daraus resultierenden Konflikte allgegenwärtig. Die Stadt birgt ein hohes Konfliktpotenzial, da hier alle drei monotheistischen Weltreligionen[2] auf engen Raum beieinander leben. Auf der einen Seite beanspruchen die Palästinenser das arabische Jerusalem als die Hauptstadt des Palästinenser Staates, für welchen sie furchtlos in den Kampf ziehen und keine Mittel scheuen. Jeru-

15 salem ist für sie ein heiliger Ort, denn laut der Überlieferung ist Mohammed in Jerusalems Altstadt, die von den Muslime „Haram al-Sharif"[3] genannt wird, vom Tempelberg in den Himmel aufgefahren. Auf der anderen Seite beanspruchen die Juden ganz Jerusalem als die Hauptstadt für ihren Staat Israel und berufen sich dabei auf König David, der Jerusalem vor 3000 Jahren erobert hat und Jerusalem zur Hauptstadt Israels gemacht

20 hat. Zu dieser Zeit wurde der Salomonische Tempel errichtet.

Die Heiligkeit Jerusalems ist damit ein weiterer Gegenstand im israelisch-palästinensischen Konflikt, der seit über einen halben Jahrhundert, seit der Gründung des Staates Israel 1948 den Nahen Osten erschüttert, der eine Teilregion des Vorderen Orients ist. Dabei muss genauer definiert werden, welcher Teil des Nahen Ostens für

25 den Konflikt relevant ist. Es handelt es dabei um den Staat Israel und das besetzten palästinensischen Gebiet, das aus dem Westjordanland und dem Gazastreifen besteht. Nachbarstaaten wie Ägypten, Jordanien, Syrien und der Libanon haben ebenfalls Einfluss auf den Nahostkonflikt, sind aber nicht direkt betroffen.

Keine palästinensische Regierung würde es überleben, auf die Heiligkeit Jerusalems zu

30 verzichten, genauso wie es kein jüdischer Politiker schaffen würde, die alten Verhältnisse vor der Besetzung Jerusalems im „Sechstagekrieg" herzustellen. Insgesamt kam es zu fünf zwischenstaatlichen Kriegen nach dem 2.Weltkrieg und die Zahl der gewalttätigen und bewaffneten Konflikte wuchs ins Unermessliche. Auch heute noch kommt es immer wieder zu Anschlägen und Kampfhandlungen, wie man den Medien entnehmen

35 kann. Es erweckt den Anschein, dass ohne eine Regelung in Jerusalem auch kein Frieden im Nahen Osten geschlossen werden kann.

„Kein Frieden unter den Nationen ohne Frieden unter den Religionen, Kein Frieden unter den Religionen ohne Dialog zwischen den Religionen" (Küng, Hans.(2002): Projekt Weltethos

---

[1] Früher Bewohner des britischen Mandats Palästina, heut meist arabische Einwohner des Westjordanlands/Gaza
[2] Religionen mit Glauben an einen Gott (Judentum, Christentum, Islam)
[3] Deutsch: das ehrwürdige Heiligtum

3

Nach dem Zitat von Hans Küng kann es keinen Frieden im Nahen Osten geben, wenn es keinen „Dialog", also eine Aussprache und ständige Kommunikation, die Vorurteile und Hass im Keim erstickt, zwischen den Religionen gibt. Dabei stellt sich die Frage, ob dieser „Dialog" nicht in Jerusalem beginnen kann, denn dort leben Juden und Palästinenser nahe beieinander. Bietet sich nicht gerade dort die Chance, aufeinander zuzugehen statt aufeinander einzuschlagen? Aber muss vorher nicht die Frage geklärt werden, was der zukünftige Status von Jerusalem ist und was für eine Rolle die Religionen spielen?

Dabei geht die Frage um den Anspruch Jerusalems auch über den israelisch- palästinensischen Konflikt hinaus, da auch für das Christentum, Jerusalem einen zentralen Stellenwert als heilige Stadt hat. Für die Christen ist Jerusalem die Stadt des Sterbens und der Auferstehung Jesu Christi. Auch die Christen haben Kriege begonnen, um ihren Anspruch auf Jerusalem zu festigen.

Um die jeweiligen Gründe für den Anspruch auf Jerusalem verstehen zu können, muss man die geschichtlichen Hintergründe und Fakten genau betrachten. Es gab nicht immer nur religiöse Gründe, die die Heiligkeit Jerusalems festigten. Oft wurde diese für politische Zwecke propagiert

Es muss geklärt werden, warum Jerusalem für die jeweiligen Religionen heilig ist, welche historischen Verläufe und Ereignisse zur heutigen Situation geführt haben, denn ohne die geschichtlichen Hintergründe kann man die Komplexität des Konflikts im Nahen Osten zwischen den Juden und Palästinensern nicht verstehen. Außerdem soll geklärt werden, was es für Bemühungen um den Frieden gibt, sowohl in Jerusalem selbst als auch außerhalb davon und schlussendlich ob Jerusalem der Ort der Versöhnung im Nahen Osten werden kann und ob das „Pulverfass Naher Osten" in Jerusalem entschärft werden kann.

2. Jerusalem und die Religionen

2.1. Heiliger Ort des Judentums

2.1.1. Historische Bedeutung

Jerusalem ist ein heiliges Zentrum für das Judentum, da sich der Tempel in Jerusalem befand, der die zentrale heilige Stätte für das Judentum war. Des Weiteren ist Jerusalem der Ort der messianischen Hoffnung, an dem Juden erwarten, dass der Messias das jüdische Volk erlösen wird.

Für die Juden ist Jerusalem seit dem 10.Jahrhundert v. Chr. Heilig, als König David Jerusalem als die Hauptstadt seines Volkes erwählte. Die Errichtung des ersten Tempels unter König Salomon und nach dessen Zerstörung der Wiederaufbau des sogenannten zweiten Tempels festigten die Heiligkeit Jerusalems. Die Zerstörung des Tempels durch die Römer 70 n.Chr. war ein einschneidender Punkt für die Juden. Sie durften den Tempel nicht wieder aufbauen und die Stadt nur selten besuchen. Dies hatte zur Folge, dass

es zwischen dem 2. und dem 7. Jahrhundert keine jüdische Gemeinschaft in Jerusalem gab, wobei oft von jüdischer Seite das Gegenteil behauptet wird, um den Anspruch der Juden auf Jerusalem zu festigen. Erst nach der arabischen Eroberung im Jahr 638 kamen wieder Juden zurück nach Jerusalem. Die kleine jüdische Gemeinde wurde durch exter-
5   ne Zahlungen von jüdischen Gemeinden aus der ganzen Welt finanziert, was bis in das 20 Jahrhundert anhielt.

Die Juden wurden 1099 nach der Eroberung Jerusalems durch die Kreuzritter ein weite-res Mal aus Jerusalem vertrieben und konnten erst wieder zurückkehren, als Jerusalem 1260 unter der Regierung des Mameluckensultans stand. Es ging aber keineswegs fried-
10   lich zu, da die Juden immer wieder aufgrund des Berg Zion[4] mit den Christen in Kon-flikt gerieten. Erst als die Stadt 1506 von den Osmanen eingenommen wurde, gab es wieder weitestgehend sichere Verhältnisse für die jüdische Gemeinde, unter denen sie sich vergrößern konnte. Dies war aber ein sehr langwieriger Prozess, so dass es um das 17. Jahrhundert nur 1000 Juden in Jerusalem gab, was ca. 10%[5] der Bevölkerung aus-
15   machte. Zu diesem Zeitpunkt war Jerusalem nicht das Zentrum des jüdischen Glaubens, sondern Safed, in der Nähe des Sees Genezareth gelegen. Vor dem 18.Jahrhundert gab es keine jüdischen Gemeindezeugnisse, was von dem Professor für jüdische Geschichte Jacob Barnai so gedeutet wurde: „Das Fehlen von Quellenmaterial spiegelt das Fehlen einer organischen Kontinuität in dieser Gemeinde während des Mittelalters und der
20   Osmanenzeit wieder" (vgl.S.21; Wasserstein,Bernard.(2002):Jerusalem der Kampf um die heilige Stadt.München,C.H.Beck) Trotz der geringen Dichte an Juden blieb Jerusa-lem eine wichtige Stadt im jüdischen Denken, denn es war der Ort des Tempels und der Ort an dem die Bundeslade zur Ruhe gekommen war. Es war die Hauptstadt König Da-vids und auch ein Ort der Wehklage. Nach Wasserstein[6] (2002) wird auch im jüdischen
25   Schrifttum und in jüdischen Bräuchen, Jerusalem gepriesen und Trauer über dessen Zerstörung ausgedrückt.

Die Juden beten immer in Richtung Jerusalem, dass sie „den Nabel der Welt" nennen. Im Judentum gibt es zwei verschiedene Vorstellungen von Jerusalem. Es gab zum ei-
30   nen die Vorstellung vom himmlischen „Yerushalayim shel ma'la" und die des irdischen „Yerushalayim shel mata". Hier wird auch wieder deutlich, dass die Heiligkeit Jerusa-lems für die Juden auch außerhalb dieser Welt existierte.

Trotz der Verehrung Jerusalems gab es keine Verpflichtung, die Souveränität über die Stadt zu besitzen. Vor dem Holocaust war es für viele orthodoxe Juden Blasphemie, da
35   Jerusalem für sie in keinem guten Licht stand. Das resultierte vor allem daraus, dass die dortige Gemeinde hauptsächlich von den Spenden aus dem Ausland lebte. Erst mit der verstärkten Einwanderung nach dem Holocaust in das Gebiet Palästina und dem Gedan-ken vom jüdischen Nationalstaat, rückte Jerusalem immer mehr in ein gutes Licht, als Hauptstadt des jüdischen Nationalstaats Israel, der 1948 gegründet wurde.

---

[4] Teil von Jerusalem auf dem Jerusalem erbaut wurde. Die Bezeichnung ist geographisch gewandert: Zuerst bezeichnete er die „Stadt Davids", dann der nördlich davon gelegene Tempelberg, heute ein südwestlich der Stadtmauer gelegener Hügel mit der Dormitio Abtei und dem Grab Davids
[5] Vgl. Wasserstein (2002) S.21
[6] ebenda S.21

Heute befinden sich in Jerusalem über 1200[7] Synagogen sowie die Klagemauer und das Davidsgrab, welche zwei Heiligtümer der Juden darstellen. Das Judentum stellt die wichtigste religiöse Gruppierung in Jerusalem.

5   ## 2.1.2. Heilige Stätten

Für die Juden gibt es in Jerusalem zwei zentrale Heiligtümer. Es handelt sich hierbei um das Davidsgrab auf dem Berg Zion und die Klagemauer, die ein Überbleibsel des zweiten Tempels ist. Die Klagemauer war früher die Westmauer, die den Tempelbereich
10   abgrenzte. Allerdings wird die Klagemauer oftmals fälschlicherweise für eine Mauer des Tempels gehalten.
Die Klagemauer ist eine viel besuchte Stätte in Jerusalem, da sie von vielen Menschen zum Beten aufgesucht wird. Dabei ist es üblich, dass Gebete aufgeschrieben und in die Ritzen der Mauer gesteckt werden.
15   Für die Juden ist die Klagemauer ein Symbol für den ewigen Bund Gottes mit dem Volk der Juden und erinnert an den Tempel, der vor seiner Zerstörung das zentrale Heiligtum der Juden in Jerusalem war.
Der Tempel wurde erstmals unter König Salomon gebaut und erlangte schnell eine große Bedeutung und der Tempelberg wurde zum Inbegriff der israelitischen Frömmigkeit.
20   586 v. Chr. wurde der Tempel von den Babyloniern ein erstes Mal zerstört.
515 v. Chr. wurde der Tempel wieder aufgebaut, jedoch wesentlich schlichter und nicht mit der Pracht und den Ausmaßen des ersten Tempels.
Dieser zweite Tempel wurde 70 n. Chr. von den römischen Besatzern infolge eines Aufstands der Juden zerstört. Orthodoxe Juden streiten sich bis heute darum, ob man ihn
25   wieder aufbauen, oder bis zur Ankunft des Messias warten soll.

Das Davidsgrab auf dem heutigen Berg Zion im Südwesten von Jerusalem stellt eine weitere wichtige Heilige Stätte der Juden in Jerusalem dar. Es wird als das Grab König Davids verehrt, der vor 3000 Jahren über Israel herrschte und Jerusalem zu dessen
30   Hauptstadt machte.

2.2. Heilige Stadt der Christen

2.2.1 Historische Bedeutung

35
Die Heiligkeit Jerusalems für Christen hat ihren Ursprung nach Wasserstein (2002) in dem Wirken, dem Tod und der Auferstehung Jesu Christi in Jerusalem. Im Neuen Testament wird Jerusalem über 100-mal erwähnt.
Die Heiligkeit Jerusalems war aber nicht direkt mit dem Tod Jesus verbunden, sondern
40   entwickelte sich erst im Laufe der Zeit.
Es gibt keinen historischen Beleg dafür, dass Jerusalem vor dem 4. Jahrhundert von den Christen offiziell als heilig anerkannt wurde. Die Stadt und ihre Heiligen Stätten hatten

---

[7] Vgl. http://de.wikipedia.org/wiki/Jerusalem **17.Januar 2010**

„bei all ihrem Vermögen, Brennpunkt der Einheit unter den Christen zu sein, auch ein großes Potential für Zwietracht (vgl.S.24; Wasserstein, Bernard.(2002):Jerusalem der Kampf um die heilige Stadt.München,C.H.Beck „) Die Meinung über Jerusalem ging unter den Christen dieser Zeit auseinander. Es gab sowohl Christen, die der Heiligkeit Jerusalems kritisch gegenüber standen, als auch Christen, die der Meinung waren, dass Jerusalem sehr heilig für das Christentum ist.

Letzteres wurde zur vorherrschenden Meinung innerhalb der Kirche des frühen Mittelalters. Die Verehrung Jerusalems zu dieser Zeit war aber auch mit einer negativen Haltung gegenüber dem Judentum verknüpft.

Kaiser Konstantin trug ebenfalls entscheidend zur Heiligkeit Jerusalems bei, über das er seit 324 herrschte. Seine Mutter Helena erforschte die heiligen Stätten .Von Karl dem Großen wurden weiter christliche Einrichtungen in Jerusalem erbaut, was aber zu Konflikten mit den Muslimen führte, die zu diesem Zeitpunkt über Jerusalem herrschten.

Mit der Eroberung Jerusalems 1099 durch die Kreuzfahrer, wurden alle Juden und Muslime aus Jerusalem vertrieben und es kam zu einer Welle des Terrors gegen die anderen Religionen. Moscheen und Synagogen wurden zerstört oder in Kirchen umgewandelt. Jerusalem wurde unter den einzelnen christlichen Gruppierungen aufgeteilt, wobei sich die Katholiken die Vorherrschaft sicherten. Die Christen waren nicht sehr tolerant, mit den anderen Religionen, wenn es um den Anspruch auf Jerusalem ging.

Als die Kreuzritter endgültig vertrieben waren, und die Muslime die Herrschaft über Jerusalem zurückerlangt hatten, wurde den Christen genauso wie den Juden ein Anspruch von den herrschenden Muslimen gewährt, in Jerusalem zu bleiben. Nach der Vertreibung der Kreuzritter kam es zu internen Konflikten unter den Christen Jerusalems. Zwischen Ost und Westkirche gab es eine heftige Auseinandersetzung, wer die Kontrolle über die Heiligen Stätten, vor allem die Grabeskirche und Geburtskirche in Bethlehem haben soll, worüber bis heute keine Einigung erzielt wurde. Die internen Konflikte prägten die Diplomatie der Christen in Bezug auf die heilige Stadt bis heute[8]

Die Stadt hat heute 158[9] Kirchen und mit der Grabeskirche ein bedeutendes Heiligtum der Christen. Es sind viele unterschiedliche Gruppierungen aus dem Christentum in Jerusalem ansässige, unter anderem Griechisch- und Russisch Orthodoxe, Römisch-Katholische und Altkatholiken, Armenier und Protestanten.

2.2.2. Heilige Stätten

Die Grabeskirche ist eine Kirche im christlichen Teil der Altstadt. Sie befindet sich über der Stelle, an der laut Überlieferung sich das Grab von Jesu Christi befinden soll. Erbaut wurde die Kirche von Kaiser Konstantin und 335 wurde sie eingeweiht

Von den Orthodoxen Christen wird die Grabeskirche als Anastasis bezeichnet, was übersetzt Auferstehungskirche heißt. Die Kirche ist heute unter der Kontrolle von sechs christlichen Konfessionen, wobei die Hauptverwaltung der griechisch Orthodoxen, der römisch Katholischen und der armenisch apostolischen Kirche obliegt. Da es aber schon

---

[8] Vgl. Wasserstein (2002) S.27
[9] Vgl. http://de.wikipedia.org/wiki/Jerusalem **17.Januar 2010**

seit dem Mittelalter Streitigkeiten gibt, wem der Anspruch auf die Kirche gehört, wird der Schlüssel zur Kirche von einer einheimischen, muslimischen Familie seit Jahrhunderten verwahrt. Oftmals muss die Familie auch als Schlichter unter den einzelnen Konfessionen auftreten, da es oft zu Auseinandersetzungen und Handgreiflichkeiten kommt.

5   Durch die Aufteilung der Kirche gestaltet sich die Renovierung als schwierig, da sich die Konfessionen gegenseitig vorwerfen, den Status der Kirche dabei zu verletzen. In der Kirche ist sowohl der Besitz als auch die Zeit, welche Konfession wann beten darf, genau geregelt. Verstöße gegen die Gebetsordnung ist ein häufiger Grund für Konflikte.

10 Eine weitere bedeutende heilige Stätte für die Christen ist die Via Dolorosa, eine Straße die durch die Altstadt Jerusalems zur Grabeskirche hinführt. Laut christlicher Überlieferung ist Jesus auf dieser Straße zu seinem Kreuzigungsort gegangen.

2.3. Heiligtum des Islams

15

2.3.1. Historische Bedeutung

Für die Muslime ist Jerusalem die drittheiligste Stadt nach Mekka und Medina. Vor Mekka beteten die Muslime für kurze Zeit nach Jerusalem. Die Stadt ist für den Islam
20 von Bedeutung, da Mohammed sich in einer nächtlichen Reise nach Jerusalem begeben haben soll und von dort in den Himmel aufgefahren seien soll.
Es gibt aber auch Vermutungen, dass Jerusalem ein zentraler Ort für zwei Vorläuferreligionen des Islam war und daher die Heiligkeit rührt.[10]
Der arabische Name für Jerusalem ist „al-Quds", was die Heilige bedeutet.
25 In den frühen Phasen gab es auch im Islam verschiedene Meinungen über die Heiligkeit Jerusalems, das im Jahr 638 zum ersten Mal von Arabern erobert wurde. Damals ging die Tendenz eher dahin, dass Mekka und Medina die heiligen Städte des Islams sein sollten. Erst im 2.islamischen Jahrhundert, was dem Zeitraum 719-816[11] entspricht wurden alle 3 Städte als heilig anerkannt.
30 Zu einer wegweisenden Entwicklung kam es unter dem Kalifat von Abdul al Malik ben Marwan der in einem Konflikt zu einem anderen Kalifen stand, der seinen Sitz in Mekka hatte. Abdul al Malik errichtete den Felsendom in Jerusalem, um die Stellung Jerusalems im islamischen Glauben zu starken und so den Pilgerhandel in seinen Machtbereich zu stärken.
35 Als Jerusalem von den Kreuzrittern erobert wurde, nahmen die Muslime dies relativ gelassen hin und waren nicht auf eine sofortige Rückeroberung aus. Dies ist damit zu erklären, dass die Heiligkeit Jerusalems zu diesem Zeitpunkt nicht besonders tief im Islam verwurzelt war. Erst Mitte des 12. Jahrhunderts wandelte sich die Bedeutung Jerusalems wieder zu einer heiligen Stadt des Islams, was allerdings nicht religiös sondern
40 politisch bedingt war. Zenki der Herrscher von Mosul und Aleppo rief zum Kampf gegen die die Kreuzfahrer auf. Da er einen Grund für dieses Vorhaben brauchte, propa-

---

[10] Vgl. Wasserstein (2002) S.28
[11] ebenda (2002) S.28

gierte er die Heiligkeit Jerusalems. Unter Saladin wurde die Heiligkeit Jerusalems noch
weiter gestärkt, da dieser jene nutzte um politische Gegner auszuschalten.
Im Jahr 1187 kam es schließlich zur Rückeroberung Jerusalems, was in der islamischen
Welt mit Begeisterung gefeiert wurde und zur Folge hatte, dass die Heiligkeit Jerusa-
5   lems immer mehr anstieg. 1229 fiel Jerusalem jedoch wieder an die Christen zurück,
den Muslimen wurde es aber gestattet ihre heiligen Stätten zu behalten. Es kam aber
immer wieder zu Konflikthandlungen und erst Mitte des 13.Jahrhunderts kehrte unter
den Mamelucken[12] wieder Ordnung ein.
Anders als die Christen tolerierten die Muslime die Gegenwart anderer Religionen in
10   Jerusalem, dennoch wurden die anderen Religionen von den Muslimen nicht gleichwer-
tig behandelt. Heute gibt es in Jerusalem 73[13] Moscheen. Der Tempelberg, die Al-Aqsa
Moschee und der Felsendom sind wichtige Heiligtümer des Islam

2.3.2. Heilige Stätten

15
Zu den drei wichtigsten islamischen Heiligtümern in Jerusalem zählen der Tempelberg,
sowie die sich darauf befindende Al-Aqsa Moschee und der Felsendo.
Der Tempelberg auch Haram al-Sharif genannt ist ein Hügel im Südosten der Altstadt
Jerusalems. Für den Islam gilt er als einer der heiligsten Stätte, da der Prophet Moham-
20   med laut dem Koran in einer nächtlichen Reise nach Jerusalem gekommen ist und vom
Tempelberg in den Himmel aufgefahren ist.

Auf dem Tempelberg befindet sich der Felsendom, der zu den bekanntesten Wahrzei-
chen der Stadt zählt. Der Felsendom zählt ebenfalls zu den Hauptheiligtümern des Is-
25   lam. Der Legende nach wurde der Dom über dem Felsen gebaut auf dem Abraham seinen Sohn opfern wollte und von dem Mohammed in den Himmel aufgefahren ist. Der
Felsendom ist zu keiner Zeit als Moschee sondern als Schrein verstanden worden.
Ebenfalls auf dem Tempelberg befindet sich die „al-Aqsa Moschee". Sie gilt als die
drittwichtigste Moschee des Islams. Die Heiligkeit geht sogar so weit, dass es Men-
30   schen, die nicht dem islamischen Glauben angehören nur mit Sondergenehmigung gestattet ist, die Moschee zu betreten.
Der Tempelberg stellt somit für den Islam einen heiligen Bereich in Jerusalem dar, wegen dem es aber immer wieder zu Konflikten kommt, da der Tempelberg auch der Ort
des jüdischen Tempels war.

35

3. Gemeinsamkeiten der Religionen

Zwischen den Religionen werden oftmals nur die Differenzen gesehen, welche diese
trennen und voneinander abschotten. Dabei gibt es auch Gemeinsamkeiten zwischen
40   den Religionen. So werden Judentum, Christentum und der Islam zu den abrahamiti-

---

[12] Arabische Herrschaftsdynastie einst türkische Militärsklaven
[13] Vgl. http://de.wikipedia.org/wiki/Jerusalem **17.Januar 2010**

schen Religionen gezählt, da sie alle einen völkischen oder geistigen Bezug zum „Patri-
archen Abraham" haben, der einen Bund mit Gott geschlossen hat[14].
Alle haben einen geistigen Bezug zu Abraham, als Stammvater des Glaubens. Darüber
hinaus proklamieren Judentum und Islam auch einen abstammungsmäßigen Bezug über
5   Abrahams Söhne Ismael, auf den sich der Islam beruft und Isaak, auf welchen sich die
Juden berufen.
Zu den Gemeinsamkeiten der Religionen[15] zählt neben dem Bezug auf Abraham, der
Glaube an einen Gott, weshalb sie die Bezeichnung „monotheistisch" haben. Des Wei-
teren entstammt der Glaube der Religionen aus Offenbarungen, die über Propheten
10   vermittelt wurden. So überbrachte Mose den Juden die Tora, für die Christen äußert sich
das Wort Gottes durch Jesus und im Islam wird Mohammed als Prophet Allahs gesehen.
Für die Christen ist Jesus der Sohn Gottes sowie Gott in Menschengestalt. Im Islam und
Judentum wird Jesus nicht als Messias gesehen, aber als Prophet geachtet.
In allen 3 Religionen wurde der Wille Gottes in einem Buch aufgeschrieben und fixiert.
15   Es handelt sich hierbei um Tora, Bibel und Koran.
Es finden sich ähnliche Gesetze und vergleichbare ethische Werte in diesen drei monotheistischen Religionen, wie zum Beispiel Gott zu ehren, Leben und Besitz des Näch-
sten zu achten.

20   In letzter Zeit wurde durch Theologen der Begriff der Abrahamitischen Ökumene ge-
prägt, der einen Trialog zwischen den abrahamitischen Religionen fordert. Dieser gründet sich auf die gemeinsamen Wurzeln der Religionen. Der Begriff wird allerdings häu-
fig kritisiert, da für viele die Einheit zwischen den Religionen als undenkbar scheint.
Von fundamentalistischen Gruppen wird dieser Begriff komplett abgelehnt. Doch ein
25   besserer Austausch zwischen den Religionen würde viele Vorteile mit sich bringen.

4. Der Nahostkonflikt

4.1. Ursprung und Verlauf

30

4.1.1 Vor- und Zwischenstaatliche Phase

Mit dem Nahostkonflikt wird der Konflikt um die Region Palästina[16] bezeichnet.
Das Kernproblem des Konflikts ist, dass zwei Völker, Juden bzw. Israelis und Palästi-
35   nenser, den gleichen geographischen Raum Palästina für ihr Volk beanspruchen. Des-
halb wir der Nahostkonflikt auch israelisch-palästinensischer Konflikt genannt.
Der Beginn des Konflikts geht auf das letzte Viertel des 19.Jahrhunderts zurück. Der
Nahostkonflikt kann nach Johannsen (2006) in mehrere Phasen unterteilt werden. Die
vorstaatliche Phase, die zwischenstaatliche Phase und die des Friedenprozesses.

---

[14] Auszüge siehe Anhang

[15] Vgl. http://www.geistigenahrung.org/ftopic9696.html **12.3.2010**

[16] Region südöstlich des Mittelmeeres, umfasst ungefähr das Gebiet des heutigen Israels siehe Abb.5

Der moderne Nahostkonflikt, ist in seinen Wurzeln auch europäischen Ursprungs. Durch den Antisemitismus in Europa wurde das Verlangen der Juden nach einem eigenen Nationalstaat gestärkt. Gegen Ende des 19.Jahrhunderts bildete sich der Zionismus[17] innerhalb des Judentums heraus. Auf dem ersten Zionistenkongress 1897 wurde
5 die Schaffung einer öffentlich-rechtlichen gesicherten „nationalen Heimatstätte" für das Volk der Juden in Palästina als Ziel ausgegeben. Dass es zu Konflikten mit der einheimischen arabischen Bevölkerung kommen könnte, wurde damals noch außer Betracht gelassen.

Die Einwanderungswellen ab 1882 sorgten für eine systematische Besiedlung[18], mit
10 dem Hintergedanken an einen jüdischen Nationalstaat. Zur gleichen Zeit bildete sich auch bei der einheimischen arabischen Bevölkerung eine Nationalbewegung, die sich gegen die osmanische Fremdherrschaft richtete, welcher das Gebiet Palästina zu dieser Zeit unterstand. 1920 wurde Palästina vom damaligen Völkerbund zum britischen Mandatsgebiet erklärt. Durch die verstärkte Einwanderung der Juden kam es zu den ersten
15 Konflikten mit Arabern. Diese spitzten sich mit der Zeit immer mehr zu. Der Druck der Ereignisse wurde so groß, dass die Briten 1947 ihr Mandat an die Vereinten Nationen zurückgaben.

Um das Problem zu lösen sahen die Vereinten Nationen einen Teilungsplan vor, der sowohl einen jüdischen wie einen arabischen Nationalstaat beinhaltete, sowie eine in-
20 ternationale Zone in Jerusalem. Von den Juden wurde dieser Plan begrüßt, da er ihnen einen international anerkannten Staat in Aussicht stellte. Die Araber hingegen lehnten ihn ab, da ihrer Meinung nach die UNO nicht das Recht habe, über die dort lebende arabische Mehrheit zu verfügen.

Der Teilungsplan wurde am 29.November 1947 verabschiedet und mit dem Ablauf der
25 britischen Mandatszeit wurde am 14.Mai 1948 die Unabhängigkeit des jüdischen Staates Israel proklamiert. Mit der Gründung des Staates Israel endete die vorstaatliche Phase.

In der zwischenstaatlichen Phase hat Israel seine Existenz nach Chomsky (2002) im
30 Nahen Osten in fünf Kriegen behaupten müssen.

Der erste Nahostkrieg, auch Unabhängigkeitskrieg genannt, erfolgte unmittelbar auf die Gründung des Staates Israel. Am 15.Mai 1948 begannen arabische Nachbarstaaten mit Angriffen auf Israel. Die Kampfhandlungen gingen bis zum 7.Januar 1949 und endeten mit einem klaren Sieg Israels gegen die schlecht ausgerüsteten arabischen Streitkräfte.
35 In Folge des Kriegs konnte Israel sein Staatsgebiet nach Johannsen (2006) von 15.000 km² auf 20.000 km² vergrößern. In mehreren Verträgen wurden die Grenzen Israels auf Basis der militärischen Ergebnisse festgelegt. Der Krieg hatte zur Folge, dass 725.000 palästinensische Araber wegen israelischer Angriffe auf ihre Wohngebiete fliehen mussten. Aus diesem Grund bezeichnen die Palästinenser die Gründung Israels und den
40 Krieg als „al-Naqba", die Katastrophe.

Die Vertreibung der Palästinenser stellt bis heute ein großes Problem im Nahostkonflikt und für den Friedensprozess dar.

---

[17] Globale Bewegung im Judentum, die auf die Errichtung eines jüdischen Staates abzielt
[18] Ausführlich; siehe Tabelle 1. Im Anhang

Im zweiten Nahostkrieg, der auch Suezkrieg genannt wird, ging es nur beiläufig um israelisch-palästinensische Streitfragen. Bis zum Jahr 1965 hatten sich die Spannungen zwischen Israel und Ägypten verschärft, so dass Ägypten den Suezkanal für israelische Schiffe blockierte. Großbritannien und Frankreich begannen darauf, die Kontrolle über
5   den Kanal militärisch zu gewinnen. Israel nutzte die Gelegenheit, um in den Sinai einzumarschieren. Die UNO jedoch zwang Israel, Frankreich und Großbritannien sich wieder zurückzuziehen. Israel gab darauf die eroberten Gebiete zurück gegen die Garantie der freien Schifffahrt.
    1967 kam es zum dritten Nahostkrieg, auch „Sechstagekrieg" oder „Juni Krieg" ge-
10 nannt. Dieser Krieg entwickelte sich aus der sich immer mehr zuspitzenden Spannung zwischen Israel und seinen arabischen Nachbarn. Keiner der arabischen Staaten hatte Israel bis zu diesem Zeitpunkt anerkannt. Im Mai 1967 marschierten arabische Truppen an den Grenzen Israels auf. Aus Angst vor einem Angriff begann Israel am 5. Juni mit einem überrachenden Präventivschlag. In den folgenden sechs Tagen eroberte Israel den
15 Gazastreifen, die Sinaihalbinsel, das Westjordanland, die Golanhöhen und Ost-Jerusalem. Mit dem Sieg Israels begannen jedoch auch Probleme, die bis heute nicht gelöst sind. Die UNO forderte Israel auf die besetzten Gebiete zurückzugeben, aber Israel hielt an den besetzten Territorien fest. Durch den Krieg standen schlagartig 1,3 Millionen Araber [19] unter israelischer Herrschaft. Israel hätte dieses nach Johannsen (2006)
20 gegen Anerkennung und Sicherheit „eintauschen" können, was bis heute aber nicht geschehen ist.
    Die Niederlage machte den Palästinensern klar, dass sie für die Verwirklichung eines eigenen Staates, eine eigene politische Vertretung benötigten. Diese fanden sie in der PLO[20], die den gewaltsamen Widerstand gegen Israel organisierte. Zum vierten Nahost-
25 krieg kam es, als Ägypten und Syrien 1973 am Jom Kippur, dem höchsten jüdischen Feiertag, einen Überraschungsangriff gegen Israel starteten. Ägypten wollte den Sinai zurückerobern und Syrien die Golanhöhen zurückgewinnen. Nach Anfangserfolgen von Ägypten und Syrien konnte Israel die gegnerischen Truppen zurückschlagen. Beide Seiten wurden in diesem Krieg durch einer der beiden atomaren Supermächte unter-
30 stützt. Israel durch die USA, Ägypten und Syrien durch die Sowjetunion.
    Der Krieg wurde beendet, als eine direkte Auseinandersetzung der beiden Supermächte drohte. Die USA erzwangen einen Waffenstillstand und die Kampfhandlungen wurden am 26. Oktober 1973 eingestellt. Israel zog seine Truppen aus den eroberten Gebieten zurück und Ägypten erhielt durch Verhandlungen den Sinai zurück. 1978 wurde im
35 Camp David-Abkommen[21] ein Rahmenwerk für den Frieden im Nahen Osten abgeschlossen, welches später in einen Friedensvertrag zwischen Israel und Ägypten mündete. Damit war der israelisch-arabische Krieg nach Johannsen (2006) als Gesamtkonflikt beendet.
    Der fünfte Nahostkrieg war ein Krieg Israels gegen die PLO, die immer wieder Auf-
40 stände gegen Israel organisierte. Am 6.Juni 1982 begann Israel mit Angriffen auf die

---

[19] Vgl. Johannsen (2006) S.27
[20] Palästinensische Befreiungsorganisation, Dachverband verschiedener palästinensischer Gruppierungen
[21] Erholungsanlage des amerik. Präsidenten; Ort von Friedensverhandlungen

PLO. Während des Krieges wurden Palästinenser von christlichen Milizen massakriert. 1985 zog Israel seine Truppen wieder ab, richtete aber eine Sicherheitszone im Süden des Landes ein. Der Krieg war der erste Krieg, der auf Widerstand im eigenen Volk stieß. 1987 kam es zur ersten Intifada, einem palästinensischem Aufstand gegen die

5   israelischen Besatzer, in Folge dessen es immer wieder zu Auseinandersetzungen kam.

4.1.2. Friedensprozess

10   Seit 1991 versuchen beide Parteien in direkten Verhandlungen und Gesprächen, eine Lösung für den Konflikt zu finden. Mehrere internationale und regionale Entwicklungen hatten dazu geführt, dass nun die Bedingungen für einen potentiellen Frieden gegeben waren.
Der Konflikt zwischen den USA und der UdSSR war beendet und so wurde der Nah-

15   ostkonflikt nicht mehr als Plattform für Rivalitäten zwischen West und Ost ausgenutzt. Da die PLO seit einigen Jahren in einer Finanzkrise steckte und keine Unterstützung aus den arabischen Nachbarstaaten erhielt, erhoffte sie sich durch Kooperation andere Finanzquellen zu erhalten.
Auch von israelischer Seite wurde die Bereitschaft für Verhandlungen größer, da ein

20   Umdenken in Israel stattgefunden hatte, aufgrund des schlechten internationalen Ansehens und der moralischen Zermürbung durch die erste Intifada.
Beide Seiten gingen mit unterschiedlichen Zielen in die Verhandlung. Israel wollte ein Ende der Gewaltakte und der regionalen Isolation sowie eine friedliche Koexistenz unter israelischer Hoheit. Die Palästinenser wollten einen eigenen Staat und die Rückkehr

25   der Flüchtlinge.

Es fanden mehrere Verhandlungen statt und der Durchbruch gelang 1993 bei Geheimverhandlungen in Oslo. Die PLO erkannte Israel an und Israel erkannte die PLO als offizielle Vertretung der Palästinenser an. Weiterhin wurde beschlossen, eine palästi-

30   nensische Selbstverwaltung einzuführen, die als Interimsphase für 5 Jahre ausgelegt wurde. Der weitere Status sollte noch verhandelt werden. Den Palästinensern wurde der geographische Raum des Gazastreifen und des Westjordanlands zugeteilt, aus dem Israel seine Truppen abzog. Das Westjordanland und der Gazastreifen sind jedoch zersplittert und nur durch eine Straße die durch Israel verläuft, verbunden.

35   Das Autonomiegebiet [22] gab vielen Palästinensern Anlass zur Hoffnung auf einen endgültigen Staat, da die Palästinenser nun eigene Infrastrukturen aufbauen konnten. Der Friedensprozess geriet jedoch ins Stocken, als der israelische Ministerpräsident Yizthak Rabin 1995 durch einen fanatischen Israeli ermordet wurde. Unter dessen Nachfolgern verliefen der Truppenrückzug und die Übergabe weiterer Territorien nur schleppend.

40   Der Friedensprozess wurde endgültig als gescheitert angesehen, als die Verhandlungen über den Endstatus im Camp David II ergebnislos abgebrochen wurden.

---

[22] Gebiet der Selbstverwaltung innerhalb eines Staates

Mit dem Ausbruch der Al-Aqsa Intifada im Jahr 2000 fiel der Friedensprozess der Gewalt endgültig zum Opfer. Es war ein bewaffneter Aufstand mit zahlreichen Selbstmordattentaten auf israelische Zivilisten, die mit Zerstörungsaktionen von Israel beantwortet wurden, durch welche Teile der palästinensischen Infrastruktur zerstört wurden.

5 Im Jahr 2003 wurde von Israel eine Sperranlage errichtet, die die Sicherheit Israels gewähren soll. Da einzelne jüdische Siedlungen sich kilometerweit im palästinensischen Gebiet befinden, weicht die Sperranlage oftmals von der eigentlichen Grenze ab. Im Jahr 2006 gewann die islamistische Hamas[23] die Wahl in Palästina, was die Lage weiter verschärft. Im gleichen Jahr kam es zum zweiten Libanonkrieg, da Israel wiederholt

10 durch Raketen aus dem Libanon beschossen wurde. Ende 2008 rückte die israelische Armee in Folge von Raketenbeschüssen in den Gazastreifen vor. Die Operation dauert bis zum 18.Januar 2009. Seit dem kam es zu keinen größeren Zwischenfällen mehr.

4.2. Konfliktanalyse

15

Der Nahostkonflikt dreht sich um mehrere zentrale Konfliktpunkte, wie die Staatlichkeit, Territorien, Wasser und den Status von Jerusalem. Vor allem die Frage über die Staatlichkeit beider Parteien und die Territorien ist hierbei von besonderer Bedeutung. Der 1948 vorgeschlagene Teilungsplan wurde von den Arabern nicht akzeptiert und da

20 Israel einen Teil des Gebiets eroberte, verringerte sich das für den Palästinenserstaat vorgesehene Gebiet erheblich. Heute werden das Westjordanland, der Gazastreifen und Ost-Jerusalem als Hauptstadt von den Palästinensern beansprucht.

Da der Nahe Osten eine aride Region ist und zu größten Teilen aus Wüstengebiet besteht, gibt es nur ein geringes Süßwasservorkommen. Diesem geringen Süßwasservor-

25 kommen steht eine ständige wachsende Bevölkerung gegenüber. So birgt der Zugang zu Süßwasser im gesamten Nahen Osten Konfliktpotential. Eine Vielzahl von Wasserquellen befindet sich in politisch umstrittenen Gebieten, so dass es ohne eine Lösung der Territorienfrage keine Lösung bei der Wasserverteilung geben kann.

Ein weiteres Problem entstand durch die Besiedlung des Landes durch die Juden und

30 die Gründung des Staates Israel. Dadurch wurden 700.000 Palästinenser in die Flucht getrieben. Die Palästinenser fordern ein Rückkehrrecht für alle als Flüchtlinge geführte Palästinenser. Israel verweigert dieses Rückkehrrecht, da durch die Rückkehr der Flüchtlinge der Staat Israel als ein von Juden dominierter Staat in Gefahr stehen würde. Durch die Annektierung von Gebieten 1967 kam es zu einem weiteren Konfliktpunkt,

35 denn Israel errichtet seit 1967 in diesen Gebieten jüdische Siedlungen, in denen inzwischen mehr als 200.000 israelische Juden leben. Diese Siedlungspolitik gilt als völkerrechtswidrig, da die Siedlungen auf Gebieten errichtet wurden, welche Israel nicht rechtmäßig zustanden. Der Friedensprozess könnte entscheidend vorrangehen, würde Israel seine Siedlungen in den besetzten Gebieten räumen. Die Zwangsräumung der

40 Siedlung im Gazastreifen 2005 zeigte jedoch, wie groß der Widerstand jüdischer Siedler dagegen ist.

---

[23] Palästinensische Partei, Gegenstück zur PLO

Der Status von Jerusalem ist ein weiteres ungelöstes Problem, da beide Seiten Jerusalem als Hauptstadt ihres Staates beanspruchen. Nach Johanssen (2006) wird ohne eine Regelung über den zukünftigen Status von Jerusalem kein Frieden im Nahen Osten möglich sein. Jerusalem hat für beide Parteien eine große religiöse Bedeutung, auf welche sich
5 beide Seiten berufen. Im Nahen Osten wird der Religion eine größere Rolle zugewiesen, als in der größtenteils säkularisierten europäischen Gesellschaft. Gerade die Altstadt in Ost-Jerusalem spielt dabei eine zentrale Rolle, da sich hier zentrale heilige Stätten befinden.

10 Jerusalem ist eine Stadt mit ca. 770.000 Einwohnern, die geteilt ist in das rein jüdische West-Jerusalem und Ost-Jerusalem, in dem Juden und Palästinenser getrennt und ohne großen Kontakt zueinander leben[24]. Ost-Jerusalem, wurde von Israel 1967 annektiert[25] und seitdem wird immer wieder versucht, Jerusalem zu einer rein jüdischen Stadt zu machen, durch jüdischen Siedlungsbau, bürokratische Diskriminierung der Palästinen-
15 ser und durch den Bau der Sperranlage, welche die Palästinenser vom Westjordanland abtrennt. Die Juden wollen Jerusalem mit der Altstadt in Ost-Jerusalem als ihre Hauptstadt. Die Palästinenser beanspruchen Ost-Jerusalem als Hauptstadt ihres Palästinenserstaates. Diese Überschneidung stellt ein Hautproblem im Nahostkonflikt dar.

20 ## 4.4. Rolle der Religionen im Nahostkonflikt

In erster Linie spielt sich der Nahostkonflikt zwischen den Israelis[26] und Palästinenser ab, aber alle drei monotheistischen Religionen sind durch ihre historischen Wurzeln involviert. Dabei sind es die Fundamentalisten dieser Religionen, die den Konflikt ver-
25 schärfen. Die Religion wird hierbei als Mittel zum Zweck benutzt, um politische Ziele durchzusetzen. Schon bei den Kreuzzügen wurde Religion als Vorwand für politische Zwecke verwendet. Radikale Israelis sehen die Eroberungen im Sechstagekrieg als Gottes Willen an, um ihre Vorstellung von einem Groß-Israel zu legitimieren. Sie lehnen einen religiösen Pluralismus ab und bilden religiös motivierte Gruppen, von denen zum
30 Teil Gewalt ausgeht. Ein Beispiel dafür ist der Mord an dem israelischen Ministerpräsident Yizthak Rabin 1995. Auf arabischer Seite wurde der Nahostkonflikt zu einem Krieg zwischen dem Islam und den „ungläubigen Juden" propagiert, um die arabische Bevölkerung gegen Israel aufzuhetzen.
Für einen zukünftigen Frieden sind Jerusalem und die heiligen Stätten von großer Be-
35 deutung. Diese Frage zu lösen, ist ein Kernpunkt bei Friedensverhandlungen. Schon mehrmals wurde ein Kompromiss vorgeschlagen, der ein zweigeteiltes Jerusalem vorsah, doch eine „Alles-oder-Nichts" Haltung lies diese scheitern.
Es sind nicht nur jüdische und arabische Fundamentalisten, die den Nahostkonflikt immer wieder verschärfen, sondern auch von christlichen Fundamentalisten geht eine Ge-
40 fahr aus. Die „christlichen Zionisten" in den USA sehen in Israel den Ort, an dem die Apokalypse stattfinden wird und der Antichrist besiegt wird. Dies kann aber erst ge-

---

[24] Vgl. Johannsen (2006) S.71
[25] Vgl. Rotter&Fathi (2001) S.173
[26] Staatsangehörige von Israel hauptsächlich Juden

schehen, wenn alle Juden zurückgekehrt sind und an Stelle des Felsendoms der dritte Tempel errichtet wird. Die christlichen Zionisten gelten als eine einflussreiche Gruppierung in den USA und unterstützen Politiker, die den Fundamentalisten nahe stehen, finanziell.

5 Letztendlich könnten die Christen aber als neutrale Partei im Nahostkonflikt vermitteln, wobei gerade die arabischen Christen durch ihren Kontakt zur arabischen Welt eine wichtige Rolle spielen könnten.

5. Friedensbemühungen

10

Neben poltischen und zwischenstaatlichen Friedensbemühungen gibt es Organisationen, die sich für einen Frieden im Nahen Osten und für ein besseres Verständnis zwischen den Konfliktparteien einsetzen.

Eine dieser Organisationen ist „Peace Now", die 1978 von israelischen Soldaten ge-
15 gründet wurde. Peace Now will die Regierung Israels zum Frieden und Versöhnung mit den Palästinensern bewegen und die öffentliche Meinung in diese Richtung beeinflussen. Die Organisation unterstützt damit die Zwei-Staaten Politik, die einen palästinensischen Nationalstaat neben Israel auf noch besetztem Gebiet vorsieht. Sie zählt zu den größten Friedensbewegungen in Israel.

20 Eine weitere Organisation ist die Israelisch-Palästinensische Koalition für den Frieden IPPC(Israeli-Palestinian Peace Coalition), die sich aus israelischen und palästinensischen Politikern, Vertretern von Nichtregierungs-Organisationen und Prominenten zusammensetzt. Die IPPC setzt sich ebenfalls für die Zwei-Staaten-Lösung ein mit Jerusalem als Hauptstadt von Israel und Palästina.

25 Eine weltweit operierende Organisation ist die Jerusalem Foundation, die ihren Sitz in Jerusalem hat. Es handelt sich um eine unabhängige und gemeinnützige Organisation. die 1966 gegründet wurde. Die Jerusalem Foundation bemüht sich um eine offene und pluralistische Gesellschaft in Jerusalem und vermittelt zwischen den Religionen. Einer der Hauptpunkte der Organisation ist die friedliche Koexistenz in Jerusalem. Laut der
30 Homepage der Organisation bestimmt die heterogene Bevölkerung Jerusalems, von Juden, Christen und Muslimen aus verschiedenen Herkunftsländern, das multikulturelle Stadtbild Jerusalems, das einer Vielzahl von Ansprüchen und Bedürfnissen gerecht werden muss. So gibt es immer wieder Projekte, welche das multikulturelle Stadtbild verbessern. Diese reichen von sozialen bis zu kulturellen Einrichtungen. So werden
35 auch oft Treffen von Politkern und Fachleuten vermittelt. Die Vision der Organisation ist es. Jerusalem zu einer geeinigten Stadt zu machen.

Neben diesen Organisationen gibt es noch eine Vielzahl kleinerer und größerer Organisationen wie zum Beispiel Pax Christi, die sich in besonderer Weise um den Frieden im Nahen Osten bemühen.

40

6. FAZIT Vision: Jerusalem - Zentrum des Friedens?

Was macht es so schwierig, eine Lösung im Nahostkonflikt zu finden?
Es gibt viele Faktoren, die eine Rolle spielen, wie z.B. die Aufteilung der Territorien oder die Siedlungen. Eine besondere Bedeutung kann hierbei Jerusalem beigemessen werden, da beide Seiten Jerusalem als Hauptstadt ihres Staates sehen. Dies begründet sich darin, dass Jerusalem sowohl für Juden als auch für Palästinenser heilig ist. Jerusalem stellt dabei das Hauptproblem dar. In Fragen über das Rückkehrrecht, Siedlungen, Territorien und einen eigenen Palästinenserstaat wäre es sicher möglich gewesen Einigungen zu erzielen, doch da sowohl Israel als auch die Palästinenser Jerusalem als die Hauptstadt ihres Staates beanspruchen und keiner der beiden Parteien sich flexibel zeigt, konnte noch kein Frieden gefunden werden. Besonders prekär ist, dass sich Heiligtümer beider Religion auf dem gleichen Raum, dem Tempelberg, befinden. Wären diese in verschiedenen Teilen Jerusalems wäre es für beide Parteien möglicherweise akzeptabel gewesen, Jerusalem zu teilen.

Die Tatsache, dass Religion und religiöses Denken eine starke Rolle im Nahen Osten spielen, erschwert es eine Lösung zu finden.

Die Religion wurde immer wieder als Vorwand benutzt, um politische Interessen im Nahostkonflikt durchzusetzen. So kam es, dass die Rolle der Religion im Nahostkonflikt hochstilisiert wurde und eine übermäßige Bedeutung bekam, um politische Ziele durchzusetzen. Aber kann nicht gerade dieser Vorgang auch umgekehrt angewandt werden, dass bei der Religion mit dem Friedensprozess angesetzt wird? Gerade Jerusalem als Stadt der Religionen und heiligen Stätten würde hierfür einen geeigneten Ort bieten. Vorrausetzung hierfür ist, dass sich die Situation in Jerusalem verbessert. Solange Juden und Palästinenser strikt voneinander getrennt leben, kann es zu keinem vernünftigen Dialog kommen. Es sind Bemühungen vorhanden für eine tolerantere Gesellschaft in Jerusalem. Wenn es im „Kleinen" gelingen sollte, dass Juden und Palästinenser aufeinander eingehen, könnte dies ein Ansatz für einen Frieden im Nahen Osten sein.

Es bedarf auch eines verstärkten Bemühens einer neutralen Partei bei Friedensverhandlungen. Diese Rolle könnte das Christentum übernehmen. Für das Christentum ist Jerusalem ebenfalls heilig und kann daher die Situation nachempfinden. Gerade arabische Christen könnten vermitteln und durch ihre guten Kontakte zur arabischen Welt einen Dialog aufbauen.

Ohne einen Dialog zwischen den Religionen kann es keinen Frieden geben, da die Bedeutung der Religion einen zentralen Stellenwert im Nahostkonflikt hat. Hier kann wieder auf Hans Küng verwiesen werden, dass es keinen Frieden unter den Nationen gibt, wenn es keinen Frieden unter den Religionen gibt, der nur durch einen Dialog der Religionen erreicht wird. Auch hier wird wieder auf die zentrale Rolle der Religion verwiesen.

Meiner Meinung nach kann in Jerusalem der erste Schritt zum Frieden gemacht werden, wenn beide Seiten flexibler werden und Jerusalem etwas von seiner Heiligkeit absprechen würden. Dies wären notwendige Schritte um einen Frieden einzuleiten

5 Es würde sicherlich einige Zeit dauern, da Schmerz und Vorurteile aufgrund der Vergangenheit auf beiden Seiten tief sitzen und es dauert, diese zu überwinden. Aber wenn die Menschen aufeinander zugehen statt einzuschlagen, wäre das ein Schritt in die richtige Richtung. Dies könnte sich von einem Jerusalem, in dem Juden und Palästinenser miteinander leben auf den ganzen Nahen Osten ausbreiten, der damit nach mehr als einem halben Jahrhundert der Gewalt und Konflikt einen friedlichen Wandel erfahren
10 würde.

Es ist möglich, dass der Frieden von Jerusalem aus schrittweise in den Nahen Osten zieht, wenn ein Wandel in den Köpfen der Politker und Menschen stattfindet. Dann könnten Israelis und Palästinenser beide friedliche in ihren Staaten leben und Jerusalem wäre das Zentrum des Friedens, da hier das „Pulverfass Naher Osten" entschärft wurde.

7. Anhang

Tabellen:

Periode/Jahr	Zahl der Einwanderer	Wichtigste Herkunftsländer
1882-1903	20.000-30.000	Russland
1904-1914	35.00-40.000	Russland, Polen
1919-1923	ca. 35.000	Sowjetunion, Polen
1924-1931	ca. 80.000	Sowjetunion, Polen
1932-2938	ca. 200.000	Polen, Deutschland
1939-1945	ca. 80.000	Polen, Deutschland, Rumänien, Ungarn, Tschechoslowakei

Tabelle1: Zahl der jüdischen Einwanderer vor der Gründung des Staates Israel

	Km²	Anteil an der Gesamtfläche	Jüdische Bewohner	Arabische Bewohner
Arabischer Staat	11.600	42,88%	9.520	749.010
Jüdischer Staat	15.100	56,47%	499.020	509.780
International Zone von Jerusalem	176	0,65%	99.960	105.540

Tabelle2: Der UNO-Teilungsplan von 1947

Textauszüge:

Bibel/Tora:

„Und Gott sprach zu Abraham: So halte nun meinen Bund, du und dein Same nach dir, bei ihren Nachkommen." (1.Mose 17,9)

Bibel/ NT:

"Die Schrift aber, voraussehend, dass Gott die Nationen aus Glauben rechtfertigen werde, verkündigte dem Abraham die gute Botschaft voraus: ‚In dir werden gesegnet werden alle Nationen.' Folglich werden die, die aus Glauben sind, mit dem gläubigen Abraham gesegnet." (Galater 3,8f)

Koran:

„O Leute der Schrift, warum streitet ihr über Abraham, wo die Thora und das Evangelium doch erst (später) nach ihm herabgesandt worden sind? Habt ihr denn keinen Verstand? Ihr habt da über etwas gestritten, wovon ihr Wissen habt; weshalb aber streitet ihr über das, wovon ihr kein Wissen habt? Gott weiß Bescheid, ihr aber nicht.

Abraham war weder Jude noch Christ; vielmehr war er lauteren Glaubens, ein Muslim (ein (Gott) ergebener Hanif), und kein Heide.“ (Sure 3, 65-67)

Quellen

Literaturverzeichnis

Chomsky, Noam.(2002): Offene Wunde Nahost .Hamburg: Europa Verlag

Johannsen, Margret. (2006): Der Nahostkonflikt. Wiesbaden: VS Verlag für Sozialwissenschaften.

Rotter, Gernot/ Fathi, Schirin (2001): Nahost Lexikon. Heidelberg: Palmyra.

Wasserstein, Bernard. (2002): Jerusalem Der Kampf um die heilige Stadt. München: C.H. Beck.

Internetquellen

- http://de.wikipedia.org/wiki/Jerusalem **17.Januar 2010**

- http://www.templerinfo.de/templer/kontext/tempeljerusalem.html **17.Januar 2010**

- http://de.wikipedia.org/wiki/Westmauer **17.Januar 2010**

- http://www.mfa.gov.il/MFADE/MFAArchive/2000_2009/2000/3/Jerusalem-%20Die%20Westmauer **17.Januar 2010**

- http://www.zionismus.info/ **17.Januar 2010**

- http://de.wikipedia.org/wiki/Davidsgrab **03.Februar.2010**

- http://www2.hu-berlin.de/palaestinabilder/gestern/davidsgrab.html **03.Februar.2010**

- http://gott.net/1801.0.html **03.Februar.2010**

- http://www.sacred-destinations.com/israel/jerusalem-via-dolorosa **03.Februar.2010**

- http://www.uni-protokolle.de/Lexikon/Tempelberg.html **06.Februar 2010**

- http://www.eslam.de/begriffe/a/aqsa-moschee.htm **06.Februar 2010**

- http://www.eslam.de/begriffe/f/felsendom.htm **06.Februar 2010**

- http://de.wikipedia.org/wiki/Nahostkonflikt **17.Februar 2010**

- http://de.wikipedia.org/wiki/Oslo-Friedensprozess **17.Februar 2010**

- http://www.kreuzzug.de/zeittafel_kreuzzuege/zeittafel_der_kreuzzuege.php
29.Februar 2010

- http://www.bible-only.org/german/handbuch/Abrahamitische_Religionen.html
12.3.2010

- http://www.geistigenahrung.org/ftopic9696.html **12.3.2010**

- http://www.uni-kassel.de/fb5/frieden/regionen/Israel/friedensbewegung2.html
16.03.2010

- http://www.fes.de/themen/menschenrechtspreis/mrp2002.php **16.03.2010**

- http://www.jerusalemfoundation.org/ **16.03.2010**

- http://www.peacenow.org.il/site/en/homepage.asp **16.03.2010**